El Amor de la Atracción

¡Secretos probados para dejar la mentalidad basada en el miedo, activar ley de la atracción y comenzar a manifestar tus deseos!

Ley de Atracción – Libros Cortos – Libro 5

Por Elena G. Rivers

Elena G. Rivers © Copyright 2021 - Todos los derechos reservados.

ISBN: 978-1-80095-095-5

El contenido que aparece en este libro no puede reproducirse, duplicarse o transmitirse sin el permiso directo por escrito del autor o del editor.

Bajo ninguna circunstancia se tendrá la culpa o responsabilidad legal contra el editor o el autor, por daños, reparaciones o pérdidas monetarias debido a la información contenida en este libro, ya sea directa o indirectamente.

Aviso Legal:

Este libro está protegido por derechos de autor. Es solo para uso personal. No se puede modificar, distribuir, vender, usar, citar o parafrasear ninguna parte o el contenido de este libro sin el consentimiento del autor o editor.

Aviso de Exención de Responsabilidad:

Tenga en cuenta que la información contenida en este documento es solo para fines educativos y de entretenimiento. Todo el esfuerzo se ha ejecutado para presentar información precisa, actualizada, confiable y completa. No se declaran ni implican garantías de ningún tipo. Los lectores reconocen que el autor no participa en la prestación de asesoramiento legal, financiero, médico o profesional. El contenido de este libro se ha derivado de varias fuentes. Consulte a un profesional con licencia antes de intentar cualquier técnica descrita en este libro.

Al leer este documento, el lector acepta que en ningún caso el autor es responsable de las pérdidas, directas o indirectas, que se incurran como resultado del uso de la información contenida en este documento, incluidos, entre otros, errores, omisiones o inexactitudes.

CONTENIDO:

¿Por qué escribir sobre el AMOR de la atracción? 7

¿Por qué todo se trata sobre el dominio consciente de los conceptos básicos? 14

Pilar #1 Tu alineación auténtica 34

Pilar #2 Tu deseo debe ser auténtico al igual que tu energía... 36

Pilar #3 Procesa rápidamente la energía negativa 38

Pilar#4 El amor versus la mentalidad basada en el miedo.. 40

Pilar 5# Conoce tu frecuencia real 44

Pilar#6 Libérate del querer y del dudar 46

Pilar#7 Cuando el enfocarse en los "¿por qué no?" puede ser bueno para ti..................................... 48

Secreto #1 Darse cuenta cuando tu mente subconsciente va en tu contra y cambiar el chip 51

Secreto #2 ¿Eliges sentirte liviano o pesado? 57

Secreto #3 Elige tu vibración 61

Secreto#4 El poder del por qué detrás del por qué 68

Secreto#5 Liberar las vibraciones bajas y utilizar la certeza para tu mayor beneficio 71

Secreto #6 No toda la programación negativa lo es realmente 77

Secreto#7 Deja ir a este asesino de la manifestación 87

Secreto#8 La esencia liberadora de dejar ir 90

Secreto#9 Tus límites saludables basados en el amor 96

Secreto #10 Cuando el cometer errores es importante si quieres atraer la abundancia 111

Mensaje personal de Elena 116

Más Libros de Elena G.Rivers en Español 117

¿Por qué escribir sobre el AMOR de la atracción?

No se puede fallar con el poder del amor porque este solo puede traer cosas buenas a tu vida, así que has venido al lugar indicado si sientes el cansancio de la negatividad y te sientes con las ganas para soltar lo que ya no te está sirviendo y poder comenzar a vivir la vida que soñaste.

¡Llegaste a este libro por una razón! No importa si has leído alguno de mis otros libros, no importa si has estudiado o practicado la ley de atracción antes y no importa de donde vengas, tu edad o a qué te dedicas.

Cualquiera puede desatar el poder del amor para soltar la mentalidad negativa y los patrones de energía que bloquean sus manifestaciones positivas.

¡Por eso he escrito este libro! Durante los últimos meses he estado recibiendo señales desde el

Universo que dejaron en claro que debía escribirlo; estas señales aparecían de forma consistente casi todos los días. Muchos lectores que se me acercaban buscando orientación sobre la ya sabían sobre este tema, y aprendieron distintos métodos de manifestación teniendo algunos resultados positivos, incluso sabían qué errores sobre la ley de atracción debían evitar, pero por alguna razón seguían sintiéndose bloqueados. Para mí fue evidente cuál era la pieza que faltaba en su práctica de ley de atracción al juzgar por la forma en que me escribían y hacían preguntas. Todos ellos tuvieron que abrazar el poder del amor y la autenticidad para llevar sus manifestaciones al siguiente nivel, tenían que usar ese poder para deshacerse de toda mentalidad y creencia negativas.

Este libro es corto por una razón, ya que no se trata de cuánto tiempo pasas leyendo (a menos que realmente disfrutes leyendo y te haga sentir bien), sino que más sobre cómo lees y el tiempo que te tomas para aplicar lo que has aprendido.

La siguiente introducción te ayudará a comprender los pilares fundamentales de este sistema sencillo que está basado en el amor, luego daremos un salto hacia los diez secretos basados en el amor que han sido probados para alejarte de la negatividad y adentrarte en el espiral de manifestaciones positivas.

Lo principal que quiero que entiendas es que todo a lo que has estado expuesto hasta ahora está mayoritariamente basado en el miedo como lo que escuchas en las noticias, la publicidad en las redes sociales, conversaciones que puedes haber escuchado de otras personas; la mayoría de los mensajes que tu mente recibe están probablemente basados en el miedo.

No hay duda de que nuestras mentes están llenas de miedo, incluso las personas positivas y espirituales como nosotros pueden aún tener una mentalidad basada en el miedo y no hay nada de malo con darse cuenta de esto, el desarrollo personal de la conciencia es un viaje que nunca termina; ¡yo libero negatividad casi todos los días!

Si has leído cualquiera de mis otros libros ya sabrás que estoy a favor de la positividad. Sin embargo, no me gusta mucho la positividad fingida ni tampoco esconder la cabeza como un avestruz pretendiendo que todo está bien cuando en realidad te estás sintiendo mal.

La positividad y la libertad genuinas aparecen cuando enfrentamos nuestras mentalidades y energías basadas en el miedo mientras adoptamos un estado de percepción consciente. Luego podemos observar lo que está sucediendo a nuestro alrededor y de manera consciente elegimos una respuesta distinta, más alineada y positiva; teniendo una respuesta positiva desde el interior podemos cambiar a un nivel más profundo y entonces tenemos el poder de influenciar nuestra realidad.

Este pequeño libro fue diseñado para ayudarte con todo esto; realmente te recomiendo que tengas tu cuaderno listo y hagas los ejercicios a medida que vayas leyendo, también te recomiendo leer este libro varias veces, ya que cada vez que lees el mismo libro lo percibes de una forma distinta porque tu energía es distinta cada vez que lo lees. ¡Vamos a ponerlo en práctica sin más preámbulos!

Como ya te mencioné, comenzaremos con una introducción para entender cómo funciona esta fórmula de manifestación basada en el amor y de esta forma nos podremos sumergir en los secretos más poderosos de la manifestación a largo plazo.

Puedes leer este libro en una sesión que debería durar una o dos horas como máximo, o puedes tomarte tu tiempo y revisar cada secreto un día a la vez; ¡depende de ti!

Me siento feliz por ti y me siento con un gran privilegio al estar escribiendo este libro para ti. Mi propósito en la vida es ayudar a incrementar la vibración del planeta; llevo mi misión a cabo principalmente a través de la escritura y ¡estoy agradecida por las almas curiosas espiritualmente y ambiciosas como tú que están listas para tomar alguna decisión significativa, para sumergirse en lo profundo, para hacer el trabajo interior y ser parte del cambio que quieren ver en este planeta.

"Debes ser el cambio que deseas ver en el mundo". – por Gandhi

"Puedes tener todo lo que quieras en la vida si solamente ayudas a otros a conseguir lo que desean". – por Zig Ziglar.

"Las personas que tienen una buena vida piensan y hablan sobre lo que les gusta en vez de lo que no les gusta, y la gente que le cuesta, piensa y habla sobre lo que no les gusta en vez de lo que les gusta". – por Rhonda Byrne.

"Trabajar nuestra propia consciencia es la cosa más importante que estamos haciendo en cualquier momento, y ser Amor es el mayor acto de creatividad". – por Ram Dass.

"La ley de atracción o Ley del Amor...son una sola". – por Charles Haanel.

"Si miramos al mundo sintiendo amor por la vida, el mundo nos revelará su belleza". – por Daisaku Ikeda.

¿Por qué todo se trata sobre el dominio consciente de los conceptos básicos?

¿Sabes los secretos de los entrenadores de fútbol más exitosos? Es sencillo, se enfocan en cosas básicas antes de cualquier otra cosa e incluso después de obtener técnicas más avanzadas, siempre les recuerdan a sus estudiantes sobre los conceptos básicos a través de la repetición constante y consciente. Se aseguran de que sus equipos adopten los conceptos básicos hasta el punto en que se vuelvan automáticos para ellos. Por ejemplo, un jugador de fútbol puede aprender un sinfín de técnicas nuevas para correr más rápido, etc. Sin embargo, ellos no tendrán éxito si no pueden atar sus zapatos de manera correcta o no tienen idea sobre cómo prevenir una lesión.

Un ejemplo un poco extraño, lo sé, pero siempre soy testigo de esto cuando se trata de la ley de atracción o la comunidad de autoayuda; la gente está buscando alguna píldora mágica o algo nuevo.

La verdad es que no se trata de cuánto sabemos; sí, sabemos que el conocimiento es poder, no desmerezco el deseo de querer tener más conocimiento, pero lo que es más poderoso es tu experiencia en acción; quieres que tu habilidad se convierta en sabiduría interior para que todos tus esfuerzos, pensamientos y sentimientos se alineen con lo que deseas. Para llegar a ese nivel, todo se trata de la repetición consciente de lo que ya sabes, incluso si llega a ser un poco aburrido y créeme, ¡aprendí esto de la manera difícil! Depende de ti hacerlo emocionante al usar tu imaginación, pero ¿por qué te estoy diciendo esto? Bueno, ¿has considerado conectar contigo mismo antes de sumergirte en este material?, ¿alguna vez has conectado contigo mismo?, y ¿conectas contigo mismo todos los días? Si no lo has hecho porque nunca lo has escuchado y no sabes cómo hacerlo, bueno, comenzarás en apenas un minuto, pero si ya sabes lo que es encontrarse, pero no lo haces, tómalo como una señal del Universo para conectar contigo mismo más seguido. No seas uno de esos negativos y sarcásticos que practican la ley de atracción y que solo se quejan sobre todo lo que leen con un: "Ah, nada nuevo por aquí".

Yo también solía ser de esos individuos sarcásticos que decían "ya lo sé todo", luché con la pérdida de peso por años y seguía leyendo más libros sobre la dieta de moda y los criticaba todos: "¡Nada nuevo aquí!". Solamente fue cuando alguien me llamó amargada y gorda que realmente decidí hacer algo respecto a mi peso. En vez de buscar un nuevo plan de dieta o una píldora mágica, puse mi enfoque en lo básico. Dejé de consumir comida rápida y de beber gaseosas, dejé el azúcar y comencé a caminar todos los días; ¡ese pequeño y único cambio en mi estilo de vida me ayudó a perder peso! Una dieta sencilla y de sentido común junto con ejercicio moderado.

Ahora agradezco mi lucha contra la pérdida de peso porque me enseñó cómo ser una mejor persona y dejar ir el sarcasmo; ahora realmente aprecio a cualquiera que se dé a conocer con cualquier tipo de material que esté diseñado para ayudar a las personas con algo, incluso si ya estoy familiarizada con su información o si realmente no es lo mío, aún así aprecio sus esfuerzos, ¿por qué? Porque ahora actúo desde un lugar de amor, sin miedo, sin críticas y sin celos. De esta manera, aunque le dé una retroalimentación honesta a alguien que creo que pueda ayudarlos a mejorar, lo hago de forma amable y con respeto.

No estamos buscando necesariamente lo nuevo, sino que estamos liberando algo que en el fondo sabemos que es bueno para nosotros, tomamos una decisión consciente para hacer lo que ya sabemos, una y otra vez, para utilizarlo como una herramienta personal de transformación. Por esto te pido de forma educada que por favor trates de conectar primero contigo mismo para aprovechar este libro al máximo (y todo lo que leas o hagas, de verdad.)

Una de mis mejores amigas es una vendedora profesional a quien le fue muy bien en su carrera, ella se conecta consigo misma antes de la mayoría de sus ventas por teléfono; su energía mejora gracias a sus rituales sencillos para encontrarse y así obtiene mejores resultados en su trabajo.

Yo conecto conmigo misma durante todas mis sesiones de escritura y ahora nunca experimento el llamado bloqueo del escritor. Cuando conectes contigo mismo, estés tranquilo y actúes desde un lugar de amor y autenticidad no existe tal cosa llamada bloqueo. Hacer tu trabajo se siente como algo correcto y natural, y no hay razón para bloquear algo. Bueno, ¡conectémonos entonces!, ¡en este momento estoy conectando conmigo misma y contigo!

Ejercicio para conectar:

- *(¡Solo hazlo y por favor no te quejes diciendo que ya sabes esto!)*
- *Quítate los zapatos y relaja tu cuerpo.*
- *Cierra tus ojos.*
- *Se consciente de tu respiración.*
- *Inhala de 3 a 5 segundos, aguanta durante unos 3 a 5 segundos más, y luego exhala durante 3 a 5 segundos.*
- *Repite varias veces hasta que comiences a sentirte relajado.*
- *Continúa siendo consciente de tu respiración al ritmo que sea conveniente para ti.*
- *Ahora llega a un estado de flujo al imaginar una luz desde el cielo, una hermosa y cálida luz amarilla que entra en tu cuerpo a través de tu cabeza y puedes sentir como la luz entibia tu cabeza y se mueve hacia abajo iluminando todo tu cuerpo.*

- *La luz ahora alcanza tus pies yendo más y más profundo. Visualiza la luz sumergiéndose profundamente en la tierra que se convierte en una raíz conectora.*
- *Termina tu proceso de conexión dando las gracias tres veces.*

Este ejercicio corto no debería tomar más de cinco minutos y realmente te recomiendo hacerlo cuando sientas que sea necesario para lograr un estado mental de paz o para hacerte más consciente y aprender cosas nuevas de mejor manera y más rápido.

Quiero que recuerdes que esta luz amarilla siempre está ahí para ti; cada vez que sientas la necesidad de eliminar cualquier sentimiento o experiencia que sean negativos, cada vez que no tengas las cosas muy claras y debes tomar una decisión o hacer algo importante puedes volver a hacer este ejercicio.

El amor es la fuerza creativa de todo el Universo y es la única fuerza que te puede llevar permanentemente desde el miedo, la negatividad y la oscuridad a manifestar tu vida soñada casi de forma automática; ni siquiera se trata de cuántos métodos de manifestación conozcas o hagas, se trata de quién eres y en quién te conviertes. Tu energía y tu vibración lo son todo, cuando le das una oportunidad al amor y lo personificas vas a manifestar de manera inmediata todo lo que amas.

Antes de descubrir el Amor de la Atracción mi vida era un caos, yo seguía manifestando pero únicamente cosas negativas; manifesté una relación muy abusiva, me faltó valor para dejarla porque tenía miedo de estar sola y de que nadie me iba a querer porque era muy vieja. Manifesté un empleo y después mi propio negocio que la mayoría de las personas envidiaba; lamentablemente no estaba alineada con mis pasiones y fuerzas, y eso siempre me consumía. Incluso teniendo un buen sueldo me faltaba dinero, tenía miedo porque siempre se manifestaban gastos inesperados y no me podía dejar de endeudar. Tampoco tenía un gran estado de salud, incluso si trataba de mantenerme sana, tarde o temprano mi vida estresante me llevaba a recurrir al alcohol, la comida rápida, el tabaco y otras sustancias para estar adormecida. No podía mantener un plan de autocuidado y como ya sabes, luchaba contra mi pérdida de peso; se sentía como si todas las energías y emociones viejas que no pude liberar se seguían acumulando en forma de exceso de peso y no fue hasta que decidí sumergirme en lo profundo para examinar la causa de origen de todos mis problemas que me di cuenta de algo triste pero liberador:

Elena, estás viviendo tu vida y tomando todas las decisiones desde una posición de miedo, no desde el amor. Tienes una mentalidad y energía que quiere escapar de lo que no quieres, te sigues enfocando en lo negativo, por lo tanto, activas de forma negativa la Ley de Atracción, enfócate en el amor, toma decisiones desde un lugar de amor y ámate a ti misma para comenzar a atraer personas y circunstancias que te amen.

Luego tomé una decisión muy importante y decidí trabajar en mi persona utilizando conceptos basados en el amor sobre la ley de atracción que ahora llamo el AMOR de la atracción. Cada área de mi vida se transformó unos meses después de haber tomado mi decisión; ya no estaba en una relación abusiva, encontré mi camino y estaba felizmente soltera. En ese tiempo quería enfocarme en sanarme y hacer el trabajo interno antes de repetir mis viejos patrones de "tratar de encontrar a alguien para no sentirme sola", así que estar soltera era lo que quería en ese momento y con el tiempo sí manifesté a mi alma gemela y nos fuimos a vivir en una hermosa isla en el atlántico.

Finalmente encontré el valor para ser yo misma y seguir mi pasión con amor y confianza, mi nueva energía me abrió muchas puertas profesionalmente, como manifestar un trato inesperado con una compañía de audiolibros y ahora estoy encantada con el trabajo que estoy haciendo y aunque trabajo duro ya no me siento consumida. Todo se siente como si estuviera alineado y me siento honrada de poder estar realizando mi misión y propósito de vida todos los días.

Mi salud mejoró ya que pude abrazar el poder el amor y el autocuidado; en vez de tomar acciones mal alineadas a partir del miedo de volver a tener sobrepeso o enfermar, tomé la decisión desde un lugar de amor para tener una vida saludable. Para mi se sentía natural tener una dieta de alimentos integrales y de alta vibración, eso me daba más energía y convicción para continuar, pero lo más importante de todo es que comencé a atraer personas a mi vida que tenían una energía super alta. Esto es lo que yo llamo real abundancia, cuando todas las áreas de tu vida están alineadas y se complementan unas con otras.

Después de todo, ¿te gustaría manifestar grandes cantidades de dinero, pero terminar enfermo, infeliz o no realizado? Claro que no, deseas abundancias en todas las áreas de tu vida, así que ahora tómate unos minutos para reflexionar; tu también puedes diseñar tu vida ideal desde un lugar de amor, no de miedo y sí, siempre hay un área de la vida que puede necesitar más atención ya que estar en equilibrio es esencial; ¡quieres crear abundancia! No solo en términos de ganar dinero, ya que el saldo de emociones de tu cuenta bancaria también importa.

Ahora diseña la visión de tu vida soñada y haz una pequeña declaración de objetivos (de una a tres líneas) para cada área de tu vida.

Mi Salud

Ejemplo:

- *Elijo comer saludablemente para tener energía inagotable y salud óptima.*
- *Me encantan los alimentos que nutren mi cuerpo.*
- *Tengo la suerte de poder disfrutar de largos baños y hermosas caminatas en la naturaleza.*

Mi Pasión/ Propósito / Realización

Ejemplo:

- *Me siento feliz de haber encontrado mi vocación en la vida.*
- *Me siento más feliz aún de poder ganarme la vida haciendo lo que me apasiona.*
- *¡Mi propósito enciende mi alma!*

Mis relaciones

Ejemplo:

- *Me llevo increíblemente bien con mi familia, amigos y el hombre o la mujer de mis sueños.*
- *Todos somos personas felices; nos amamos y nos apoyamos entre todos.*
- *Atraigo a mi vida gente con energía alta.*

Dinero/Finanzas

Ejemplo:

- *Tengo la disposición para recibir.*
- *De manera consciente puedo crear oportunidades y fuentes de ingreso nuevas.*
- *El dinero es energía y yo soy energía, por lo tanto, atraigo dinero a mi vida.*

Espiritualidad

Ejemplo:

- *Experimento momentos espirituales en mi vida que son inolvidables.*
- *Me siento amado y cuidado por el Universo/Dios/Poder supremo.*

Ese fue el primer paso, ahora vuelve a ello para recordarte a ti mismo lo que está por venir y lo increíble que puede ser tu vida.

Todo pasa por alguna razón y no existen las coincidencias, nos atrajimos mutuamente y después de experimentar mi transformación personal, lo convertí en mi pasión para ayudar a otros a hacer lo mismo. Nuestro planeta necesita más amor y más personas que se basen en el amor, por lo tanto, mi intención es despertar a aquellos que aún tienen una mentalidad que provienen del miedo para que puedan abrir los ojos y ver el poder creativo del amor, pero debes estar abierto a recibir ayuda puesto que mucha gente que conozco me ha pedido ayuda porque vieron mi transformación, pero cuando les explico lo que hice me responden diciendo: *"Solo tuviste suerte"*, o *"es porque estabas en el lugar indicado a la hora indicada"*, o *"es porque naciste rica"*. Lo que no es cierto ya que mi transformación no sucedió por accidente y tampoco nací dentro de una familia adinerada o influyente. Lo que sucedió es que pude tomar medidas concretas para cambiar mis acciones, sentimientos, respuestas y pensamientos; como tengo una mente curiosa, hice ingeniería inversa de lo que servía y cree mi propia fórmula del Amor de la Atracción.

Aquellos que me pidieron ayuda y estaban abiertos a recibir apoyo no desacreditaron mi transformación diciendo que era una coincidencia, sino que siguieron con alegría y al pie de la letra el mismo proceso a su manera; como resultado ellos también pudieron transformar todas las áreas de sus vidas.

Dale un vistazo a la concepción de la vida soñada que has diseñado en el ejercicio anterior y pregúntate, ¿realmente quieres atraer todo eso?, ¿estarías abierto a concretar tu concepción o acercarte a tus metas en los próximos meses? Si la respuesta es sí, sigue leyendo y aplicando lo aprendido. Esta guía no ha sido diseñada para una lectura pasiva y no puedo ayudar a aquellos que son escépticos y no están dispuestos a seguir los pasos señalados.

Aún recuerdo lo vergonzoso que fue...era mi cumpleaños y había invitado a algunos amigos. Fui a la tienda a comprar algo de comida y bebidas para mi fiesta y mi tarjeta de crédito salió rechazada así que tuve que irme sin nada; ¡aún recuerdo lo vergonzoso que fue! Todas esas personas en el supermercado me estaban mirando; luego descubrí que no tenía suficiente gasolina para volver a casa y tuve que pedirle ayuda a un amigo. Sentía vergüenza de tener que compartir mi situación con mi familia o pareja, lo único que podía atraer eran deudas y en el momento en que toqué fondo supe que tenía que cambiarme a mí misma y mi energía.

La ley de atracción y la manifestación me salvaron, para ser más precisa, el Amor de la Atracción me salvó.

Todo tiene una energía vibracional, esta página tiene una vibración y también tu mano; tus pensamientos y emociones son energía y también estimulan la liberación de neurohormonas las cuales envían señales a tu cerebro. La materia gris, la parte del cerebro que controla tus emociones, impulsos y pensamientos es algo que podemos influenciar al utilizar el poder positivo del amor. Podemos controlar nuestras respuestas emocionales en relación con los estímulos y eventos externos, en otras palabras, podemos enviar frecuencias positivas y basadas en el amor hacia nuestros deseos para que no nos salgamos del camino debido a frecuencias mal alineadas.

Por ejemplo, ¿cuál sería tu respuesta si alguien es grosero contigo?, ¿te enojas todo el día? o ¿te das unos cuantos minutos para procesar la negatividad y luego tomar una decisión significativa de manera consciente para volver a la vibración positiva?, ¿desvías tu energía solamente porque algo no salió bien? O ¿decides seguir adelante porque sabes que si incluso las cosas no salen como las planeaste el Universo sabe que es lo correcto para tu bienestar a largo plazo?

Cuando decides enfocarte en decisiones conscientes, te conviertes en una persona consciente y como tal, puedes crear vida consciente; ¡tu diseñas tu vida tal como lo hiciste! Todo se trata de comprender y luego remover los viejos programas y diseños que pueden llevarte a una manifestación de manera negativa; la conciencia es muy relevante.

Existen siete pilares cruciales en este proceso; le daremos un vistazo a cada uno de ellos para que puedas comprender cómo funciona, luego nos adentraremos en los diez secretos del Amor de la Atracción, pero antes de hacerlo, es muy importante que entiendas el contexto ¡la mentalidad lo es todo!

Pilar #1 Tu alineación auténtica

Comprende que, si eliges eso, todo pasa por ti y no te pasa a ti. A veces las cosas no salen como nos gustaría porque hay algo mejor esperando por nosotros, el universo sabe lo que es bueno para nosotros; algunas veces solo quiere ponernos a prueba o enviarnos circunstancias difíciles para que nos transformemos. Por ejemplo, yo agradezco todas las dificultades que he vivido, las veo como una bendición porque así es como toco fondo y decido transformarme, y muchas personas experimentan algo muy similar.

Pregúntate: ¿cómo reaccionas cuando las cosas no salen como querías? Por ejemplo, querías manifestar un nuevo empleo o un ascenso, pero no lo conseguiste, puedes escoger sentirte con miedo o pesimista: *¿por qué yo?, ¿por qué otros puedes hacerlo y yo no?, ¿qué está mal conmigo?,* o puedes escoger reafirmar al Universo: *gracias* *por ponerme a prueba, aún sigo aquí, y ahora sé que estoy en el camino correcto, ¡gracias por el recordatorio!*

Pilar #2 Tu deseo debe ser auténtico al igual que tu energía

A menudo nos ponemos metas que ni siquiera son nuestras, sino que vienen de otras personas, es decir, queremos manifestar y lograr cosas para hacer felices a otras personas o para presumir; he estado en esa situación muchas veces durante mucho tiempo y no tenía idea que eso estaba bloqueando mi propia felicidad.

La pura verdad es que, si no hay autenticidad, no hay alineamiento y si no hay alineamiento no podemos manifestar resultados positivos, no importa que tanto lo intentemos; lo que sea que quieras manifestar debe ser tu meta.

Supón que quieres algo simplemente porque todos los tienen y no quieres quedarte atrás, en tal caso estás siguiendo modas y no tus deseos auténticos. Continúa preguntándole a tu yo superior: ¿es esto lo que realmente quiero?, ¿me hará feliz?

Pilar #3 Procesa rápidamente la energía negativa

¿Qué haces cuando te encuentras con un bloqueo, persona o situación negativa? Por ejemplo, alguien te dijo algo grosero, ¿cuánto tiempo necesitas para dejarlo ir? ¿Cinco segundos, cinco horas, cinco días, cincuenta años? Será mejor que lo dejes ir pronto y que comprendas que la gente grosera solo se daña a sí misma y no a ti; puedes elegir quedar fuera de su vibración negativa y también, al hacer el trabajo interno descrito en esta guía, estarás aumentando tu vibración, atrayendo a más gente positiva y automáticamente alejándote del miedo.

El arte de dejar ir es muy relevante; cada vez que experimento algo negativo me doy algo de tiempo para procesarlo y liberarlo, esto puede ser automático con la práctica y un propósito firme.

Mientras más te aferres a las cosas negativas que alguien te hizo, te vas a herir más; sigues repitiendo el ciclo negativo una y otra vez.

Cuando se trate de gente grosera y su negatividad, bueno, es de ellos; elige mantener tu espacio, visualízate dándote una agradable ducha bajo una cascada, sigue respirando y reafirmando: vuelo tan alto que lo único que puedo ver es positividad.

Pilar#4 El amor versus la mentalidad basada en el miedo

Jessica desea manifestar una casa en la playa porque a ella le encanta la vibración del océano, las gaviotas y el surf; se siente libre al despertar cerca del mar, así que lo manifiesta desde un lugar de amor porque para ella, manifestar una casa en plata se alinea totalmente con quien ella es.

Sin embargo, Mary quiere manifestar una casa en la playa porque uno de sus hermanos vive en una; sus padres siguen elogiando a su hermano, su carrera profesional y la manera en que pudieron costear tal lugar, por lo tanto, Mary no se siente apreciada por sus padres, así que piensa que, al manifestar una casa en la playa, ella también tendrá la atención y aprecio de sus padres. Ella imagina cómo sería invitar a algunos de sus amigos a su nueva casa y la forma en que sería envidiada teniendo tal éxito; hasta quizás podría tener una casa más grande que la de su hermano.

No hace falta decir que Jessica se manifiesta desde una mentalidad basada en el amor mientras que Mary lo hace desde una mentalidad basada en el miedo, ¿cuál manifestación crees que tendrá un final feliz? Con final feliz me refiero a una vida de alegría, plenitud y abundancia.

¡Yo solía ser como Mary! Constantemente tenía miedo y quería probar a los demás que yo valía la pena, que era inteligente e importante, pero no me lo podía creer, no era yo misma, mis metas no eran mías. Así que pregúntate, ¿quieres manifestar desde un lugar de amor o desde el miedo? Los pensamientos mal alineados vienen de la ansiedad y las opiniones de otras personas; no les permitas que entren en tu espacio; no te aferres a la energía estancada tratando de complacer a otras personas y manifestar para alardear. Este tipo de energía estancada solo lleva a situaciones malas, no manifiestes desde el miedo, ya que este no es tuyo; sé consciente de que las metas basadas en el miedo se pueden esconder como prestigio y apreciación superficial e intentos desesperados para agradarle a otras personas.

Cuando pienses sobre lo que quieres manifestar debes sentirte liviano y no pesado, mucha energía indica que lo que deseas manifestar no es realmente tuyo, aún no estás listo para eso; por el momento, debes prepararte haciendo otra cosa.

Tus emociones tienen una frecuencia muy fuerte, ellas se manifestarán como una realidad física eventualmente al ir desde la fluidez a la densidad. Imagina que te enfocas en emociones positivas y usas todo su poder, en ese caso, vas a manifestar de manera automática más cosas positivas para tu vida. Lamentablemente, la mayoría de las personas utilizan esta fórmula pero con emociones negativas, y se quedan atascados en un bucle negativo que nunca termina.

Pilar 5# Conoce tu frecuencia real

Algunas personas no estudian la ley de atracción y la manifestación, pero aun así manifiestan cosas increíbles, ¿por qué sucede eso? Bueno, algunas personas tienen esta energía positiva y natural, y la han tenido durante mucho tiempo; simplemente se alinean, toman decisiones y consiguen lo que quieren, y lo más importante de todo es que son auténticos y saben lo que quieren, no confunden al Universo, en contraste con algunas personas, como yo del pasado, que no tienen deseos auténticos y tratan de manifestar para complacer a otras personas o desean cosas porque es una moda y todos hacen esto o tienen aquello.

Puedes ser esa persona sencilla, auténtica y alineada, es una opción, menos es más. Puedes comenzar a manifestar un deseo a la vez si abrazas completamente la energía de la emoción positiva y del amor auténtico.

Se fiel a ti mismo y siempre habla con la verdad con amabilidad, consideración y respeto por los otros cuyas verdades pueden ser distintas; no es que todos tengamos que creer en las mismas cosas, sino que todo se trata de permitirte a ti y a otros a vivir en paz.

Pilar#6 Libérate del querer y del dudar

Si tienes problemas para manifestar es probable que tu energía esté dividida en dos o más direcciones. Por ejemplo, tal vez quieres manifestar tu propia marca, quieres ser un coach revolucionario, tener presencia en línea y atraer clientes geniales; un mentor de negocios te aconseja comenzar con tu propio canal en YouTube para compartir tu verdad, crear contenido de valor y atraer a aquellos que buscan ser guiados, o quizás te aconsejan comenzar a publicar anuncios en Facebook, pero tienes miedo... ¿Qué pasaría si tus amigos y familiares ven tus videos o publicidades y no les gustan? Es de esta forma que tu energía se divide y es algo que pasa inconscientemente; queremos algo de manera consciente pero en nuestro interior tenemos miedo. Por ejemplo, puedes pensar que quieres dinero (intencionalmente), pero aún así tu mente subconsciente aparece, te hace pensar que es malo y que probablemente perderás a tus amigos, y ya que todas tus acciones son guiadas por tu subconsciente, comienzas un autosaboteo.

No hay que emitir juicios en este punto, los resultados negativos simplemente son una retroalimentación, ni siquiera son negativos si los usamos de la forma correcta: como una motivación para darle algo de luz a la oscuridad a medida que nos liberamos de antiguas creencias que no nos sirven más; no fallas, o tienes éxito o aprendes. Toma las situaciones poco favorables como información, imagina que eres un detective o científico loco de la ley de atracción y bueno, ¡ahora ya sabes lo que no tienes que hacer!

Pilar#7 Cuando el enfocarse en los "¿por qué no?" puede ser bueno para ti

Vuelve al ejercicio de tu vida soñada y si en este momento no estás viviendo en ella, pregúntate, ¿por qué no puedes tenerla?, ¿alguien dijo algo en el pasado y te hizo sentir que no valías?

Por ejemplo, yo he tenido problemas en los negocios porque mi expareja me dijo una vez: *¿Así que quieres empezar tu propio negocio? Eres una linda aspirante; sí, claro, como una de esas jefas empresariales que posan en las redes sociales. Vi que una ofrecía un seminario virtual hoy, ¡es de risa! No saben nada sobre negocios y tú sabes mucho menos que ellas; te ves muy guapa hablando sobre eso, pero no estás hecha para los negocios, eso es cosa de hombres; ¿qué pasará cuando sentemos cabeza y tengamos hijos? Ni siquiera vas a tener tiempo para tu negocio.*

Y esa fue mi historia durante años, un hombre me dijo eso y yo escogí creerlo; ni siquiera recuerdo haberlo hecho conscientemente. Así que si algo similar te pasó, ¡déjalo ir ahora! ¡Todo es posible con el amor de la atracción porque el amor es el poder supremo que puede arreglar todo para obtener el mayor beneficio, felicidad y abundancia!

Utiliza las siguientes preguntas:

- ¿Qué quieres?

- ¿Por qué crees que no puedes tenerlo ahora?

- ¿Es parte de tu creencia o norma o las de alguien más?

- ¿De dónde sacaste esas normas?

- ¿Este viejo equipaje te empodera en algún sentido?

La energía mal alineada se utiliza para proteger tus viejos hábitos que pudieron haber sido de ayuda en el pasado, pero que ahora desafortunadamente cierran nuevos canales de abundancia y felicidad para ti.

Sigue reafirmando al Universo que estás listo y abierto a nuevas posibilidades y caminos para recibir el mayor beneficio de todos.

Ahora has entendido los fundamentos del amor versus la mentalidad basada en el miedo y cómo usar su poder para activar la ley de atracción mientras liberas negatividad. Vamos a dar un salto hacia nuestros secretos basados en el amor. Cada uno de ellos se centra en una técnica, cuestionamiento o exploración específica para convertir tu vida en una corriente interminable de amor y abundancia en todas las áreas de tu vida.

Secreto #1 Darse cuenta cuando tu mente subconsciente va en tu contra y cambiar el chip

Kate es una mujer preciosa, pero siempre está luchando con la forma en que se ve a sí misma, estaba obsesionada con su aspecto y siempre buscaba formas para "perfeccionarse" y tener un mejor aspecto, sin embargo, cuando alguien le hacía un complido no se lo tomaba en serio, ella pensaba que estaban siendo irónicos o tratando de acercarse a ella. También tuvo dificultades en las relaciones, por alguna razón los hombres que le gustaban siempre elegían a otras mujeres (quienes, por alguna razón, no eran extraordinariamente bellas). Todos decían que la pobre Kate simplemente "no tenía suerte" en el amor y que todos esos hombres eran estúpidos por no querer estar con ella. El patrón negativo se seguía repitiendo, Kate trataba de verse más hermosa (aunque ya lo era), pero, por alguna razón, seguía repeliendo a todos los hombres que le gustaban; llevaba una vida solitaria y no se sentía lo suficientemente buena. Con el tiempo se embarcó en un viaje de desarrollo personal y aprendió a sumergirse en lo profundo, quería encontrar la raíz de todos sus problemas, y resultó que un miembro de su familia la llamaba "fea" cuando ella era una pequeña niña y ese evento se quedo en su mente subconsciente por años. Al principio estaba ahí como un volcán dormido, pero cuando Kate era una adolescente se comenzó a obsesionar con su aspecto y se dio cuenta que necesitaba los cumplidos de otras personas para sentirse valiosa. Este patrón negativo se reactivó y la acechó por años; solamente puedo hacer algo al respecto cuando entendió que el mecanismo basado en el miedo que la mantuvo dominada por tantos años y finalmente, como lo dije, cambió el chip, o en otras palabras, ella pudo cambiar su comportamiento, pudo aceptar el hecho de que no necesita probarle nada a nadie, ella ya era hermosa naturalmente y pudo adueñarse de su belleza; ya no tenía que recurrir a las cirugías plásticas y mejoramiento para "seguir perfeccionándose", puedo ser ella misma y de esta forma atrajo a un hombre increíble a su vida.

¿Qué hay de ti y tu viejo chip?, ¿Qué patrones negativos tienes respecto a tu aspecto, calificaciones, finanzas y relaciones?, ¿Cuál es el programa basado en el miedo que está controlando tu vida y la forma en que te comportas?

¿Estás listo para dejarlo ir de una vez por todas? Hay momentos para aferrarse y otros para dejar ir, y al momento dejar ir cualquier patrón negativo o creencia basada en el miedo, abraza el amor propio lo que más puedas ya que es común que muchas personas (y yo también he estado en esa situación) se sientan enojadas, culpables o incluso estúpidas cuando piensan en sus viejos comportamientos. Abraza el poder de la conciencia plena y el tiempo presente, respira profundamente unas cuantas veces; estás a salvo y te sientes con poder, en este momento tu eres quien escribe su propia historia, tu eres quien diseña su vida.

Continúa reafirmado:

Estoy a salvo ahora.

Hay momentos a los que aferrarse y hay momentos que hay que dejar ir.

Oye, mente subconsciente, quiero darte las gracias por aferrarte a esta creencia (que yo no era lo suficientemente bueno, que era gordo o no era lo suficientemente hermoso).

Sé que estás tratando de protegerme.

Pero ahora es tiempo de dejarlo ir, desde ahora en adelante yo escojo creer que soy lo suficientemente bueno, que merezco amor, abundancia y libertad financiera.

Este es el eslabón perdido de la ley de atracción para muchas personas; crear tus propias afirmaciones para que se hagan amigos de tu mente subconsciente y dale las gracias por tratar de protegerte durante tantos años, hazle saber de forma amable que ahora los tiempos han cambiado, que estás a salvo y que ahora puedes escoger un conjunto de creencias distintas y por ende actuarás diferente.

Al mismo tiempo, mucha gente elige pensar positivo, lo que es excelente. Sin embargo, ellos siguen estando controlados por sus viejos comportamientos porque no se han hecho amigos de su mente subconsciente, no han cambiado el chip, en otras palabras, no han cambiado sus acciones y la forma en que reaccionan a situaciones distintas.

Esta también fue mi historia durante muchos años; sí, me sentí un poco mejor por que estaba "tratando de mantenerme positiva", pero seguía siendo mi yo del pasado y siempre tratando de probarme a mí misma frente a otros porque no me sentía valiosa, como mencioné anteriormente, una expareja que tuve solía ridiculizar mis ideas de tener mi propio negocio, por lo tanto, todas mis acciones futuras eran controladas por el hecho de que quería mostrarle a él y a los otros que podía tener éxito en los negocios (incluso si el precio era ir en contra de mi propia felicidad).

Las motivaciones basadas en el miedo son muy a corto plazo, nos pueden ayudar a empezar un nuevo camino, pero no nos permitirá continuar mientras tengamos vidas felices, balanceadas y abundantes. Pregúntate si estás listo para cambiar tu comportamiento y la forma en que reaccionas a distintas situaciones; El Amor de la Atracción no se trata solamente de como piensas sino que se trata de como actúas. Imagina que realmente puedes cambiar la forma en que piensas, en ese caso, significa que de manera automática te conviertes en otra persona y cambias las forma en la que actúas y por lo tanto, creas una nueva realidad.

Secreto #2 ¿Eliges sentirte liviano o pesado?

Tienes tu brújula interna, tu intuición y eres el único que puede tomar decisiones correctas en alineación con quien eres. Antes de que profundicemos más, por favor ten en cuenta que el propósito de esta sección no es hacerte sentir mal, no quiero que tengas sentimientos de culpa tales como: "Ay, todas las decisiones que he tomado en mi vida o la mayoría de ellas han sido tomadas con miedo.

Esta es la verdad: todos nosotros tomamos la mayoría de nuestras decisiones importantes basadas en el miedo porque de esta forma fuimos programados; no hay por qué sentirse mal, de hecho, puedes escoger sentirte liberado porque ahora puedes aferrarte a una mentalidad basada en amor y cambiar tu vida. Una decisión auténtica te hace sentir liviano y sabes que estás eligiendo algo en alineación con tus verdaderos deseos. Por ejemplo, si decides seguir tu pasión e inscribirte en tu programa de certificación para convertirte en terapeuta estás siguiendo tu intuición, simplemente sabes que estás haciendo lo correcto, por otra parte, si decides hacer feliz a otras personas (incluso si te sientes totalmente desalineado), puede que experimentes pesadez.

Esta pesadez se debe a la mentalidad basada en el miedo, quizás tomes una decisión que vaya totalmente contra tu esencia solamente porque te dijeron que las cosas "siempre se han hecho de cierta forma", o tal vez tu decisión sea automática, ni siquiera lo pensaste tanto porque no tenías idea de lo que te estaba controlando. La mayoría de tus decisiones tienen que tomarse desde el amor y en alineación con tus metas y aspiraciones reales; uso la palabra "mayoría" porque soy realista y sé que no todo es blanco o negro. Por ejemplo, en algunos casos, necesitamos un poco de motivación basada en el miedo para prepararnos a tomar una decisión o darnos cuenta de que necesitamos cambiar; no hay nada malo con las decisiones a corto plazo basadas en el miedo si son tomadas para llevarnos a encontrar nuestra luz: todos somos un viaje distinto.

Al mismo tiempo es necesario que enfrentemos a nuestros demonios y los pensamientos basados en el miedo aunque sea algo pesado para poder alinearnos y seguir nuestra luz interior, pero, una vez más, esa pesadez inicial y los sentimientos basados en el miedo se devolverán con el amor y la luz.

Simplemente debes proponerte estar consciente de las veces que te sientas liviano o pesado, y cuando te pregúntate *¿por qué?* cuando te sientas negativo, ¿es por tomas decisiones basadas en el miedo que no están alineadas con quien eres?, o ¿es porque tomas decisiones para hacer felices a otras personas?, o ¿quizás vayas a experimentar ese sentimiento de pesadez inicial solamente por qué estás enfrentando a tus demonios internos y porque aprender la verdad sobre el amor y la mentalidad basada en el miedo resultan abrumadores?

Recuerda que lo que pasó, pasó; eras otra persona en ese entonces pero ahora, ¡puedes elegir tomar decisiones desde el amor y diseñar tu vida por amor!

Secreto #3 Elige tu vibración

La mayoría de las personas elige vivir en el pasado y permiten que programas dañinos controlen sus vidas, pero ahora sabes que puedes elegir vivir con amor. Elige percibir tu realidad de una forma distinta desde ahora en adelante, en vez de pensar que el mundo es un lugar aleatorio y cruel que está en tu contra y te envía situaciones poco favorables todo el tiempo ("Ay no, tengo algo malo, ¿por qué siempre atraigo lo negativo?"), puedes percibir como una retroalimentación todo lo que te sucede.

Muchos lectores me preguntan: Está bien, entonces he estado viviendo de manera consciente, pensando y actuando positivamente, soy consciente de los patrones negativos que no me dejaban avanzar y continúo los sigo liberando, sé que estoy actuando de manera distinta, pero muchas veces sigo experimentando las situaciones y circunstancias del pasado en mi vida, ¿por qué sucede eso?

Primero, siempre hay cierto retraso desde el Universo, lo que explica por qué tanta gente se rinde con la Ley de Atracción; se les acaba la paciencia para continuar cambiando sus pensamientos, sentimientos y acciones.

Digamos que una persona tuvo una mentalidad negativa y basada en el miedo durante toda su vida y ahora, a los cuarenta y tantos años, están dispuestos a cambiar y lo hacen. Es 1 de enero y como parte de sus propósitos de año nuevo ellos aplicaron amor, luz y ley de atracción de manera consciente. Sin embargo, pasaron algunos meses y ahora estamos en abril, y aunque una persona se sienta mejor y más positiva su realidad aún no ha cambiado mucho, o tal vez cambió, pero no tanto como ellos lo esperaban y nuevamente, todo es una elección. Una persona puede elegir pensar que la ley de atracción no funciona y que no valía la pena y que todo ese tiempo que invirtieron en leer y cambiarse a sí mismos lo podrían haber pasado yendo al bar y seguir quejándose sobre sus vidas. Pero al mismo tiempo, ¡una persona puede elegir aceptar que sea lo que pase dentro y alrededor de ellos es solo una retroalimentación del Universo! Las emociones negativas y las situaciones poco favorables pueden ser una retroalimentación de igual forma.

Si realmente adoptas la ley de atracción y una mentalidad basada en el amor, sabes y entiendes que una transformación real requiere de tiempo y necesitas ser paciente. De igual forma tienes que enfocarte de manera consciente en el hecho de que continuamente estás recibiendo señales desde el Universo. Por ejemplo, pides dinero y abundancia; estabas emocionado por comenzar un nuevo negocio, todo comenzó muy bien pero al pasar unos meses, tuviste uno que fue malo y tus ganancias se redujeron; puedes elegir sentirte negativo o también puedes usarlo como una retroalimentación del Universo, como la siguiente: *¿Podría crear otra fuente de ingresos* *para mi negocio?, ¿habrá otro método que pueda utilizar para atraer clientes?, ¿podría usar esta situación como una motivación para mejorar mi marketing?*

¡La luz siempre estará ahí si estás dispuesto a buscarla!

Ahora te compartiré un ejemplo basado en mi propia vida...

Al principio de este año le pedí energía y buena salud al Universo porque quería la fuerza y la resistencia para escribir varios libros nuevos, sin embargo, me enfermé un par de meses después de haber formulado mi deseo, y claro, es parte de nuestra naturaleza humana elegir el miedo y quejarnos de manera automática y por un par de días comencé a dudar de mi misma, de la ley de atracción y de mis propias lecciones. *¿Cómo puede ser posible? Tuve una visión, hice todo lo que la* ley de atracción *nos pide hacer y en vez de tener buena salud conseguí lo opuesto.*

Pero luego decidí utilizar estas circunstancias como una retroalimentación del Universo, entendí que el Universo quería que me calmara y realmente tuve que tomarme en serio mi salud. Me tuve que dar unos meses de descanso, lo que al principio parecía aterrador (ya que quería manifestar más dinero y abundancia, y ¡es por eso que pedí energía y salud!). Pero con el tiempo entendí que todo había pasado por mí y no a mí, y ahora, un año después de lo que pedí al principio, por fin tengo la energía y la buena salud que quería; realmente tuve que aprender a calmarme.

Tuve que enfermar para ponerme seria respecto a mi salud y emprender un viaje holístico de autocuidado; ahora soy una persona distinta, cambiaron mis hábitos de salud y cambió mi dieta, en otras palabras, las circunstancias iniciales que no fueron favorables para mí, me obligaron de forma amable a cuidar mejor de mí misma y he visto estos patrones similares una y otra vez en distintas personas que piden amor, abundancia, salud o dinero pero recibieron un tipo de prueba del Universo.

Recuerda que lo que pase dentro de ti y a tu alrededor es solo una retroalimentación y siempre puedes elegir aumentar tu vibración de manera consciente al entender que todo pasa por ti.

¿Un jefe grosero? Bueno, ahora tienes más motivación para ser una persona amable y tratar a los otros con amor.

¿Te enfermaste? Bueno, ahora tu cuerpo te está enviando un mensaje importante; realmente necesita descansar.

¿La relación en la que estás no es lo que esperabas realmente? Bueno, quizás ahora puedas entender de manera real las cualidades de tu pareja soñada.

Conviértelo en tu mantra del día a día: *todo pasa por mí, todo pasa justo como tiene que ser.*

Algunas situaciones negativas a veces se pueden manifestar debido a la mentalidad del pasado, que está basada en el miedo al que te aferraste por tantos años y está bien, no te juzgo, solamente es un recordatorio de lo lejos que has llegado hasta ahora; apégate al amor y a la luz, todo lo que tienes es el tiempo presente y ¡es este el que crea un futuro nuevo y mejor para ti y tus seres queridos!

Secreto#4 El poder del por qué detrás del por qué

Al adoptar una mentalidad basada en el amor te conviertes en un detective consciente de tu vida, siempre te esfuerzas por encontrar la raíz de cualquier negatividad o sentimiento negativo que esté presente en tu vida. Por ejemplo, vuelves tarde del trabajo porque había mucho tráfico y la mayoría de la gente diría: *Ay, estoy teniendo un mal día, creo que toda mi semana será igual.* Sin embargo, puedes preguntarte: *¿por qué creo que estoy teniendo un mal día?, ¿qué fue lo que sucedió?* De esta forma puedes empezar a descubrir algunas respuestas tales como: *Encuentro que el tráfico es muy molesto porque la mayoría de la gente parecer ser grosera o indiferente, me sentí como si todo el mundo estuviera en mi contra tratando de hacer que no pueda llegar temprano a trabajar.*

Está bien, entonces, ¿cómo te sientes exactamente?

Bueno, me sentí impotente, no importa lo que haga, no puedo llegar al trabajo a la hora, me siento estúpido. Entonces si llego tarde y mi jefe junto con mis colegas piensan que no me lo tomo en serio, ¿qué pasa si se están riendo de mí o me piden que me vaya?, ¿por qué me pedirían que me fuera si nunca llego tarde a trabajar, soy bueno en lo que hago, hubo un accidente en el camino y por primera vez en muchos años llegué quince minutos tarde?

Oh, porque cuando era adolescente, perdí el bus escolar, llegué tarde, el profesor me pidió que me fuera y desde ese momento en adelante el profesor no me tomó nunca más en serio sin importar cuanto estudiara.

¡Boom! Ahora puedes respirar profundamente un par de veces y permitirte ser *auténticamente* tú de nuevo, estás a salvo ahora, lo que pasó, pasó; enfócate en el presente. Nadie te quiere hacer sentir mal o que te vayas, al contrario, se te presentó una situación que te ayudó a quitar algunas emociones negativas y liberar sentimientos de culpa del pasado.

Cuando te sientas mal lo puedes utilizar como una oportunidad para aprender más sobre ti y lo que te activa, isé tu propio detective sobre la ley de atracción y siempre estarás aprendiendo más sobre ti mismo y el mundo que te rodea!

Secreto#5 Liberar las vibraciones bajas y utilizar la certeza para tu mayor beneficio

Este pequeño secreto consiste en dos partes; la primera es entender tu estado emocional y tus necesidades. Tu vida se trata de la frecuencia emocional y cuando intentas crear algo en tu vida, en realidad vas atrás un estado emocional específico; si lo manifiestas desde un estado auténtico, deberías poder acceder a una energía vibracional pura y honesta. Por ejemplo, digamos que deseas manifestar un nuevo empleo y te sientes apasionado por ello, buscaste la empresa con la que querías trabajar y realmente te encanta lo que están haciendo y quieres ser parte de su equipo; tu energía es auténtica y te sientes bien incluso antes de manifestar tu deseo, te sientes emocionado solo de pensar en aquello y al mismo tiempo, ya te sientes pleno y completo; estás agradecido por el trabajo que estás haciendo ahora y simplemente escoges elevar tu vida profesional desde un lugar de amor y emoción, y con la energía auténtica no solo manifiestas de manera más rápida sino que con alegría y facilidad.

Lo que manifiestas realmente te hace feliz y transforma tu vida, pero si tu energía intencional está arraigada en la carencia, vas a querer hacer una manifestación para luego sentirte pleno y completo; esa una mentalidad basada en el miedo porque asumes que a menos que no manifiestes lo que quieres no te puedes sentir feliz por lo tanto sigues manifestando patrones negativos al esperar y tener la esperanza de que algo pase para que luego te haga sentir bien y valioso. Elimina el apego al crear el sentimiento primero, ¿qué estados emocionales estás tratando de superar a través de tus manifestaciones?, ¿las puedes sentir ahora? Cuando piensas en tu meta, ¿cuáles son los pensamientos y voces negativas que vienen a tu mente? Crea una conexión pura al adoptar todos los pensamientos positivos y basados en el amor que estén asociados a tu manifestación.

Digamos que quieres una casa hermosa y al mismo tiempo, quieres amigos reales y basados en el amor que aprecien quien eres, también quieres seguridad financiera para que no tengas que preocuparte por pagar la casa. Bueno, para crear una unión de sentimientos buenos y una señal clara para el Universo, puedes visualizarte en tu casa soñada con tus amigos soñados pasando un buen rato, luego puedes visualizarte en las casas de tus amigos, todos tienen casas preciosas, es algo normal para ti; nadie siente celos, todos tus amigos son felices y tienen abundancia, al mismo tiempo, si tratas de manifestar una casa nueva porque ahora no te gusta la que tienes o te sientes avergonzado de invitar a tus amigos, bueno, estás tratando de manifestar desde un lugar de miedo, o ¿acaso quieres manifestar una casa hermosa para sentirte importante?, bueno, ¿por qué no manifiestas sentirte importante?, ¿quieres manifestarte desde un lugar de amor para tener un nuevo hogar? O ¿tienes miedo de que las otras personas puedan llegar a pensar que no eres lo suficientemente bueno o exitoso a menos que manifiestes algo para impresionarlos?

Antes de tratar de manifestar cualquier cosa, lo esencial es que te deshagas de todas las vibraciones negativas, ya que estas vienen desde el miedo, y para manifestar nuestros deseos más profundos necesitamos adentrarnos en un amor ilimitado hacia nosotros mismos, los que nos rodean y nuestras manifestaciones.

La segunda parte de este secreto es entender tu necesidad de certeza al utilizarlo para tu bien desde un lugar de amor. Los humanos siempre nos queremos sentir a salvo para poder contar con ello, nuestro cerebro siempre está buscando formas de sobrevivir y no necesariamente esforzarse o tener una vida increíble. Cuando te despiertas y decides vivir en expansión tienes que liberar la necesidad de la certeza si viene desde las vibraciones bajas y el miedo. Por ejemplo, la gente que se mantiene en relaciones abusivas o trabajos que odian, casi siempre escogen quedarse donde están porque eso satisface su necesidad de tener certeza; las personas que consumen comida rápida también lo hacen por la certeza que algunos sabores tienen, quizás la necesidad del subidón de azúcar.

Ahora, no hay nada de malo con tener antojo de certeza y probablemente también la vas a necesitar, a menos que escojas una vida de aventuras y viajes constantes; quieres tener cierta cantidad de dinero al mes, quieres saber tu horario de trabajo, quieres quedarte en una relación amorosa que sea estable.

Todo lo que necesitas hacer es elevar tus necesidades, puedes satisfacer la necesidad de certeza de distintas formas; puedes encontrar un nuevo empleo que te encante y eso también te da confianza, puedes tener una pareja amorosa que complazca tus necesidades de certeza. Tu necesidad de amor y de estabilidad financiera pueden cumplirse de una manera saludable y basada en el amor; examina tu necesidad de certeza, ¿Cuál es tu siguiente paso?, ¿existe una forma más saludable?, siempre hay una respuesta.

Secreto #6 No toda la programación negativa lo es realmente

Siempre podemos encontrar bien en el mal, la mayoría de la literatura de autoayuda o de ley de atracción habla sobre la "programación" como algo terrible, algo que necesitamos soltar a toda costa y claro, en la mayoría de los casos tiene sentido pero necesitamos recordar que hay programación tanto negativa como positiva, también puedes estar teniendo un buen programa para ti y tu situación actual ahora, sin embargo, puede que ya no sea beneficioso para tus nuevas metas o niveles de consciencia respecto al futuro; ¡es importante que entiendas esto para salvar tus sentimientos negativos de la vergüenza y la culpa!

Existe un patrón entre las personas que deciden hacer algo de trabajo interno; ellos descubrieron los patrones y programas negativos que solían controlar el comportamiento que tenían en su pasado y ahora se sienten mal consigo mismos o comienzan a tener resentimientos con otras personas.

Recuerda nuevamente que hay momentos para retener y momentos para dejar ir; quizás querías ser un artista y te diste cuenta de que lo que no te dejaba avanzar era un programa dañino del pasado. Un familiar te dijo que tu trabajo no era lo suficientemente bueno y ahora ese recuerdo sigue dando vueltas en tu cabeza haciéndote tener resentimientos hacia esa persona y sintiéndote culpable por tomarte sus palabras en serio.

Una vez más, no te tortures, no hay necesidad de darle vueltas al asunto una y otra vez; tal vez ese familiar tenía buenas intenciones, honestamente te dijeron que no estabas listo, no dijeron que no eras lo suficientemente bueno sino que en ese entonces no lo era, en otras palabras, tenían buenas intenciones, pero ahora depende de ti, ya que puedes transformar ese programa negativo en algo positivo, como por ejemplo, un familiar trató de protegerme de la decepción, querían que practicara más y no quería que escuchara muchos comentarios negativos por parte de los críticos de arte.

Cuando eliges transformar lo negativo en positivo, toda tu vibración cambia, ahora estás empoderado de verdad y puedes seguir tu camino, o quizás estás usando un programa que piensas que es positivo pero termina siendo un poco engañoso; piensas que ya eres lo suficientemente bueno como para renunciar a tu empleo y convertirte en independiente.

Cuando eras un niño todos solían elogiarte por todo y te apoyaban mucho, por lo que sigues usando este programa y renuncias a tu trabajo de un día para otro porque te sientes seguro y serás capaz de tener un buen pasar trabajando como independiente, pero luego resulta que no puedes encontrar los clientes necesarios y realmente no estás listo aún para ser un emprendedor a tiempo completo. Lo que pensaste que era un programa positivo terminó siendo un poco negativo porque no te acerca a tus metas, te das cuenta de que no tienes las habilidades suficientes para vivir como un trabajador por cuenta propia; nuevamente, no puedes tener resentimientos con tu familia debido a los viejos programas que te dieron ("eres el mejor", "puedes hacer todo lo que quieras") y puedes escoger sentirte como si hubieras hecho el ridículo o puedes decidir de manera consciente y elegir un programa nuevo. El viejo programa que te dio tu familia fue de ayuda para ti cuando eras un niño, tu familia tuvo buenas intenciones, querían que te sintieras lo suficientemente seguro para ver de lo que eras capaz.

Ahora puedes elegir sentirte agradecido, al menos probaste lo que se sentía trabajar como independiente y gracias a eso ahora sabes en lo que necesitas enfocarte para tener éxito cuando estés listo para convertirte en un emprendedor a tiempo completo.

El Universo te entrega la vibración que tú estás enviado, así que imagina que estás resentido contigo mismo y con los otros debido a los viejos programas que resultaron ser negativos. En ese caso, el Universo te continuará enviando más personas, recuerdos y circunstancias para tener resentimientos.

Libérate de la vergüenza y la culpa, abraza el poder del entendimiento, deja la autocrítica y de criticar a los demás, nadie es perfecto. Sí, quizás tu abuela te entregó una creencia negativa sobre el dinero, el amor o algo más, pero lo más probable es que tuviera las mejores intenciones y simplemente quería protegerte.

Explora tus creencias sobre el dinero, el amor, tu carrera y tus amigos; escribe todos los programas del pasado que fueron dañinos y simplemente establece la intención de dejarlos ir.

También te recomiendo comenzar a practicar el cortar lazos y puedes hacerlo con personas, sentimientos y viejas creencias y energías que no te dejaban experimentar tu potencial al máximo. Cortar lazos también pueden ayudarte incluso si no conoces el que, quien y cuando y sientes que la energía negativa te está bloqueando pero no sabes por qué.

Esta es la forma en la que puedes cortar lazos con personas, situaciones, tiempos pasados, sentimientos, objetos, energías negativas... ¡lo que sea que te mantiene alejado de tu visión!

Comienza a visualizar al individuo, lugar, situación o sentimiento para cortar lazos y luego imagina unas tijeras para que puedas cortar el lazo. (Por ejemplo, si tienes un sentimiento negativo constante y sigue apareciendo en tus visualizaciones pero no sabes si fue una persona que lo causó o quizás una situación, puedes visualizar el sentimiento, darle un color o una forma y luego cortar lazos con él).

Comienza a conectarte con la energía Divina o la fuente, visualiza el lazo energético que te conecta con la entidad de vibración baja que quieres dejar ir, siente la energía que esta entidad te está quitando y ahora establece la intención de dejarlo ir y visualízate cortando el lazo entre tu y la entidad negativa utilizando tijeras imaginarias; visualiza como retroceden los lazos energéticos. Ahora siente la recuperación de energía y agradece a la otra entidad por el rol que cumplió en tu vida, ancla ese sentimiento de libertad energía al juntar tu dedo pulgar e índice.

Puedes aumentar esta experiencia si quieres decir (o pensar) las siguientes palabras:

Ahora finalmente suelto todos los lazos energéticos que ya no me sirven más.

Te dejo ir y me quito esas ataduras.

Se destruyen todos los lazos en todas las dimensiones, tiempos y planes para no volver más.

Ahora hago desaparecer los lazos energéticos y puedo recuperar toda la energía que se perdió alguna vez.

Mi energía vuelve a mí y me llena de vitalidad una vez más creando un límite pacífico y energético de amor y luz.

Termina con un momento de silencio, puedes meditar, recostarte o visualizar algo que te haga sentir bien; ¡el objetivo principal es sentir la energía que acabas de recuperar!

Piénsalo, ¡ahora puedes usar esta energía nueva y libre para enfocarte en lo que quieres y manifestarlo como parte de tu realidad soñada!

Finalmente, visualízate siendo envuelto por una manta luminosa de protección energética, siente la manta por todo tu cuerpo. ¡Este es tu nuevo límite energético! Establece la intención de que este límite se quede en su lugar a medida que avanzas de manera confiada en tu día.

El siguiente paso es reescribir tus creencias, ¡la consciencia lo es todo! Veo mucha gente que se queda pegada soltando viejas energías, creencias o programas. Sin embargo, en vez de reemplazar rápidamente esas viejas creencias con algunas más nuevas y que te empoderen más, simplemente pasan todo el tiempo resintiendo a sus yo del pasado.

Al Universo le gusta moverse rápido, necesitas practicar el soltar lo que ya no te sirve y debes reemplazarlo rápidamente con algo nuevo. Es cómo deshacerte de tu ropa vieja, vas a necesitar algunas prendas nuevas, ¿cierto? A menos que quieras ir por la vida desnudo y resintiendo algunas prendas pasadas de moda de las cuales aún estás "tratando de deshacerte".

Luego de crear creencias nuevas, alinea tus acciones con ellas. Por ejemplo: *¿Si ahora elijo creer que el dinero es seguridad y no algo malo, tal vez podría hacer crecer mi negocio? Aprender como los anuncios de Facebook funcionan es divertido y emocionante, definitivamente y ya no me hace sentir mal el hecho de expandir mi persona y mi trabajo. Solía creer que al estar expuesta con mi trabajo no era seguro, pero* *ahora tengo una nueva creencia, se que compartir mi trabajo es mi propósito, es quien soy y por lo tanto es normal para mi tomar una decisión masiva y alineada para seguir mi pasión, o si elijo creer que el amor es seguro y que pueden amarme por quien soy, ya no necesito fingir que soy alguien más; ahora puede ser yo mismo o misma y atraer fácilmente al hombre o mujer de mis sueños.*

Secreto #7 Deja ir a este asesino de la manifestación

¿Tienes un tejado invisible que te hace sabotear tus acciones? Por ejemplo, piensas que eres valioso y que mereces cierta cantidad de dinero, tienes una zona de seguridad pero ni siquiera puedes pensar en una expansión, o quizás piensas que el amor tiene un límite, tal vez atrajiste a una pareja genial y las cosas van de maravilla, pero comienzas a tener pensamientos como: Bueno, no puede ser tan bueno, ¡por favor! Tengo la seguridad de que con el tiempo él o ella va a dejar de tratarme así de bien.

De esta manera, tus pensamientos basados en el miedo crean una realidad de miedo y este se alimenta de la contracción; en contraste, el amor es conducido por la expansión.

Piensa como lo hace el Universo, ¡no tengas miedo de pensar a lo grande! Muchas personas se enfocan en lo negativo y se vuelven adictos a eso. Por ejemplo:

- *Ahora solo puede ponerse peor.*

- *Cuando comienzas a ganar dinero, no dura para siempre.*

- *Mientras más tiempo estás en una relación, ¡sienten menos amor el uno por el otro!*

¿Por qué enfocarse en ir hacia abajo si puedes continuar yendo hacia arriba? La forma en que hablas contigo mismo y con los demás es esencial, así que deja de esperar a que las cosas empeoren y de manera consciente elige esperar que las cosas mejoren. Mirar hacia arriba y expandir tus horizontes no significa que no estés agradecido por lo que tienes ahora; sí, sigue sintiéndote agradecido por todo lo que tienes ahora pero al mismo tiempo, deja que el Universo sepa que estás abierto a recibir nuevos niveles de amor, éxito, salud y felicidad. El Universo no conoce límites, así que elige pensar como lo hace el

Universo y deja de sentirte culpable por elegir expandir tus horizontes.

¿Te gusta tu trabajo? ¡genial!, ¡porque ahora te encantará cada día más!, ¿comes saludable y te ejercitas? ¡genial!, ahora será más divertido cada día. ¿Estás enamorado? ¡fantástico!, ahora tendrás la posibilidad de experimentarlo todos los días.

Elegir quedarte pegado en tus límites invisibles es como encerrarte en un sótano, ¿por qué mejor no lo expandes?

Secreto#8 La esencia liberadora de dejar ir

Muchas personas tratan de dejar ir y en realidad se resisten a lo que intentan dejar ir; toda su identidad está basada en el acto de dejar ir y soltar. El verdadero secreto está en entender tus emociones, no podemos simplemente sentarnos quietos; siempre nos apresuramos buscando qué hacer ahora y por lo tanto, no vivimos el tiempo presente.

Cada sentimiento que tienes hace que aparezcan distintos pensamientos, la fuente es siempre la misma, tus sentimientos esenciales o sentimientos. Por ejemplo, digamos que quieres comenzar un nuevo negocio y tienes el siguiente pensamiento: *ay, ¿pero qué pasa si me sale mal?* Ese pensamiento viene desde un sentimiento de miedo y ansiedad (debido a una situación del pasado). Los pensamientos son solo pensamientos, pero todos vinculamos un sentimiento con estos, basado en nuestra información interna como las cosas que salieron mal en el pasado, en lo que no somos buenos o porque alguien más falló al hacer lo que queremos hacer nosotros. La mayoría de nuestro sufrimiento surge porque nos identificamos con nuestro ego.

La emoción consiste en un pensamiento y sentimientos vinculados a ella (basado en situaciones del pasado). La unión entre el corazón y la mente crea nuestra realidad, pero depende de nosotros elegir el amor en vez del miedo.

Algo pasa, expresamos lo que está sucediendo, nos hacemos parte de ese sentimiento pero el resto se va a nuestra inconsciencia. Cada situación es simplemente un detonante, la situación en sí necesariamente no hace que te pongas emocional. Por ejemplo, dos personas se quedan atrapadas en el tráfico; uno puede sentirse feliz escuchando sus canciones favoritas y solo tratando de relajarse o ponerse de buen humor, pero otra persona elige quejarse, enojarse y caer en vibraciones bajas. Tal vez quedar atrapado en el tráfico los hace sentir desesperados o detona alguna experiencia traumática; sin juzgar a nadie.

Cuando nuestros sentimientos son muy fuertes queremos perder la consciencia con la comida, la televisión, el tabaco, revisando las redes sociales, siendo groseros con otras personas, etc. Queremos escapar de lo que está ahí y desviamos nuestra atención hacia otro lado para no lidiar con nada.

Nos encanta reprimir y retener nuestros sentimientos, el escapismo y la represión van de la mano, en vez de sentir miedo y rendirse ante él, lo expresamos y lo repetimos una y otra vez. También nos encanta reprimir, lo que hacemos de forma inconsciente; esto sucede cuando las emociones del pasado se profundizan en el inconsciente y siguen hirviendo hasta que algo las hace detonar como el dolor físico, el insomnio y la ansiedad son síntomas comunes al reprimir los sentimientos, entonces ¿cómo soltar realmente y ser libre de los miedos del pasado que nos atormentan?

Supongamos que tienes miedo y reconoces primero el sentimiento sin ningún tipo de etiquetas ni resistencia, te das el permiso de sentirlo por completo; habrá resistencia y puede que te sientas un poco culpable por no reprimirlo, pero debes decir: *me permito hacerme cargo de esto con amor y todo desde un lugar de amor. Acepta ese sentimiento en su totalidad y finalmente pregúntate: ¿estoy dispuesto o dispuesta a dejar ir y dejar de aferrarme a este sentimiento de miedo, a este miedo y a esta experiencia vivida?*

Por favor, pregúntate esto varias veces aunque conozcas la respuesta: *¿estoy listo o lista para dejar ir?*

Dejar ir las cosas de forma real es difícil porque construimos nuestra identidad en base a eso, como dije anteriormente, algunas personas nunca dejan ir y siempre están pegadas tratando de hacerlo, están tan acostumbrados a aferrarse a su identidad y ahora tratan de dejar ir sin entrar totalmente al nuevo capítulo de sus vidas, siguen pegados a una identidad construida en base a situaciones o traumas del pasado, solo que ahora lo a partir de lo que creen que es un lugar mejor (porque entienden de forma lógica el concepto de dejar ir).

Cuando finalmente lo consigues, mirar hacia atrás parece ser como estar mirando una vida pasada una persona distinta. El desencadenarlo puede ser algo bueno porque ahora sabes en qué necesitas trabajar (como dijimos, ese desencadenamiento es solo una retroalimentación por parte del Universo). No hay nada de malo con expresar cómo te sientes o permitirte realizar actividades que te hagan sentir bien pero debes utilizarlas de forma consciente. Tal vez te guste ver una película divertida para reírte y pasar un buen momento, o disfrutas de una copa de vino y una buena cena con amigos, sin embargo, estas actividades no las usas para escapar de tus sentimientos; tampoco te quedes pegado en etiquetar tus decisiones y no tengas miedo del hecho de estar sintiendo miedo sino que agradece de forma consciente que ahora tienes consciencia del poder del amor.

Secreto#9 Tus límites saludables basados en el amor

Necesitas protegerte de manera consciente de lo que no te está dejando avanzar pero por suerte hay muchas herramientas de energía y mentalidad que puedes usar, ¡puedes usar el amor como tu escudo mágico!

Entonces, ¿por qué necesitas límites personales? Bueno, mira a cualquiera que tenga éxito y riquezas, todas esas personas pusieron límites saludables en sus negocios, salud y vida personal; los límites saludables son esenciales, es una habilidad que adquieres a medida que vas creciendo; a veces necesitas usar energía masculina para forzar tus nuevos límites. Si eres una persona empática como yo entonces te encanta ayudar a las personas y la generosidad, y puede resultar difícil. Por ejemplo, yo solía estar siempre conectada a las redes sociales y me sentía culpable si no podía responderle a alguien apenas veía el mensaje, pensaba que estaba en la misión de ayudar a todos con todo e ignoré por completo el hecho de que algunas personas me bombardean con preguntas sin ninguna intención de contratarme, algunos ni siquiera tenían la intención de usar la información que tenía gratis para mejorar sus vidas, solo querían chatear y conocer gente en línea; me sentía terrible por no responder así que seguía respondiendo, era un círculo vicioso porque siempre estaba ocupada pero no era productiva y por eso dejé de hacer algunas de las actividades más importantes (como escribir libros nuevos) que realmente me ayudaban a crecer, no tenía energía para escribir, me sentía agotada debido a las energías vampiro que querían aprovecharse de mí, pero claro, ahora no los culpo; solo culpo el hecho de que en ese tiempo no tenía ningún límite saludable, así que lo aprendí de la forma difícil y también me di cuenta de que la gente que me rodeaba no entendía realmente que escribir y publicar era algo importante para mí, pensaban que lo hacía como hobby y todo fue porque no puse límites y no posicioné mi persona ni mi marca personal de manera consciente. Estaba actuando desde el miedo: *"Ay, ¿qué van a pensar de mí?*, pero finalmente tuve que cambiar y establecer límites basados en el amor; tuve que crear mi horario y apegarme a él. Mi enfoque principal es la escritura y escribo para un tipo de lector en particular: las almas curiosas y ambiciosas; esas personas aprecian mi trabajo y valoran mi tiempo (porque quieren que siga escribiendo más). Finalmente, después de que mis actividades más importantes de escritura y otras publicaciones están terminadas, reviso correo electrónico. No hay más estrés o miedo, me siento feliz y equilibrada. Ahora las áreas de la vida están interconectadas y necesitas entender tus limitaciones; imagina que siempre renuncias a tus límites en tu negocio o trabajo, en ese caso, puede que también te dejes seducir por distintas tentaciones en relación con la salud como entregarte a la comida rápida en vez de cocinar una comida saludable y nutritiva. Por ejemplo, cuando dejo de lado los límites en mi vida personal no me puedo apegar a un estilo de vida saludable y me siento tentada a pedir pizza o algún tipo de comida rápida. Así que debes preguntarte qué te hace sentir estresado e incómodo, date un momento de honestidad contigo mismo y piensa sobre lo que es correcto para ti. Sí, sé que para muchos puede parecer que está un poco basado en el ego, pero lo cierto es que si quieres ayudar a otros, tienes que ayudarte a ti primero; si quieres libertad, necesitas un sistema y no puedes crearlo al dejar de lado tus límites y vivirías en el caos, la gente podría abandonarte a ti o a tu espacio cuando pone límites y no los juzgo, no hay nada malo con ellos o contigo; al establecer límites dejas en claro cuál es tu vibración.

Puedes ser la persona más simpática del planeta pero aún así puedes tener tus límites; no puedes aceptar que cualquier cosa o persona que te estresa aplica esta regla en diferentes áreas de tu vida.

Sintoniza con tus sentimientos y podrás sentir en tu interior cuando algo esté mal. Sí, puedes seguir excusando a otras personas y seguir justificándolos pero lenta y seguramente te terminará molestando; al ignorar tus sentimientos creas resentimiento con el tiempo (lo que es una vibración muy baja). Reconoce tus sentimientos con anticipación, si sientes resentimiento hacia ti mismo u otras personas, significa que no pusiste límites. Sí, puedes darte el gusto de sentirte enojado, ¡es bueno que esos sentimientos salgan a la luz! Pero recuerda que es solo una retroalimentación; ignorar tus sentimientos es señal de que estás negando tu existencia, ¡actúa de acuerdo a tus sentimientos!

La disconformidad y el resentimiento (si se vuelve más grave) indican la falta de límites; utilízalo como una retroalimentación del Universo y de tu yo superior, y haz algo al respecto. ¿Cuál es tu nivel de disconformidad? Evalúate con un puntaje honesto de uno a diez, si te das un siete o más, pregúntate qué es lo que exactamente te está molestando. Por ejemplo, estás a cargo de un negocio, contratas personas y quieres ser un jefe genial y permitirles a tus empleados que sean creativos; no quieres controlar cada detalle de tu equipo, quieres confiar en ellos, pero luego de unos meses te das cuenta que no estás obteniendo los resultados que esperabas, comienzas a sentirte como un tonto porque tus empleados se están aprovechando de ti y de tu buena voluntad. Sin embargo, el problema real es tu falta de límites; como una persona con límites saludables puedes comunicar tu punto de vista y expectativas y que es lo que se permite y lo que no, todo esto de una forma amable y basada en el amor pero firme. El cambio hacia una mentalidad basada en el amor no significa que siempre debes estar de acuerdo con todos, esto puede indicar una mentalidad basada en el miedo, tienes miedo de mostrar cómo te sientes realmente, así que mantén tus límites saludables y comunícate con otros de forma amable.

El primer paso es el perdón, todo se trata de aprender, ¡así que no te sientas mal! Debes hacer frente a tus emociones primero, ¿recuerdas? Los sentimientos son solo una retroalimentación, ahora puedes cambiar tus reacciones de manera consciente.

El segundo paso es tu comunicación; se claro, específico y hazle saber a los demás que pueden esperar y que no, ellos no pueden leer tu mente (¡a menos que tengan superpoderes!) No tengas miedo de protegerte contra las malas energías. Por ejemplo, yo solía compartir mucho sobre mi negocio y mi vida privada, incluso con gente que no conocía muy bien, seguía hablando y explicando todo lo que estaba pasando, todo con buenas intenciones, pero luego, me di cuenta que algunas personas se ponían celosas o comenzaban a rumorear cosas, así que tuve que aprender a mantener ciertas cosas para mi misma, tuve que entender en quien podía confiar y ahora cuando alguien que no conozco muy bien me pregunta sobre algunas cosas específicas del negocio o de mis cuentas, les respondo de manera muy educada: *"Bueno, por supuesto que solamente comparto esa información con mi gestor y la Agencia Tributaria"*, ¡y ambos nos echamos a reír! Cuando alguien que apenas conozco me pregunta sobre mi vida personal, me gusta responder con humor: *"Ah, está perfecta, pero probablemente no sería muy buena como para una novela"*.

Como trabajadora independiente que trabaja desde casa también tengo que establecer límites para balancear mi trabajo y mi vida personal. Primero, tengo que establecerlos conmigo misma; sé que esto puede parecer extraño para muchas personas que se acaban de levantar y conducen a su trabajo pero también sé que aquellos que trabajan desde casa a veces pueden tener problemas con su horario y límites, y ahora mucha más gente se ve forzada a trabajar desde casa debido a la nueva realidad tras el confinamiento. Así que nuevamente, tuve que usar mi energía masculina para desarrollar un horario específico; despertarme a una hora en particular, hacer los escritos y negocios más importantes en la mañana. Luego, tenía que comunicar mis límites y horario a mi familia, les expliqué que el trabajar por mi cuenta no significa que siempre estoy libre y disponible, y que no tendré éxito si no me apego a mi horario.

También tengo dos números de teléfono distintos, uno para el trabajo y otro para mi familia, así que ahora estoy disponible para mi familia cuando termino de trabajar. Desde que soy más productiva durante la semana y sigo mi horario puedo disfrutar de un balance vida-trabajo y relajarme los fines de semana para estar completamente presente con mi familia y mis amigos en vez de preocuparme de tener mucho por hacer.

Continúa inspeccionándote, este trabajo nunca termina, sigue observando tus comportamientos y límites, al igual que la forma en que te comunicas con otros. Puede que te des cuenta de que estás afectado por la forma en que fuiste criado y el rol que cumplió tu familia. Por ejemplo: *para ser una buena hija tengo que comportarme de cierta manera.*

¿Tal vez algunos miembros de tu familia pueden influenciarte o convencerte siempre de hacer algo porque saben cuales son tus debilidades? Tienes que estar consciente de que algunas personas pueden estar aprovechándose de ti (no significa que sean malas personas sino que simplemente se acostumbraron a patrones específicos) ¿Te interesan las relaciones donde hay que *dar y recibir*?, o ¿solamente se trata de *dar, dar, dar*?

También debes ser consciente y respetar los límites y preferencias de los otros. Hace poco me di cuenta de que tenía mucho resentimiento hacia mi hermana menor, el cual se activó durante una conversación que tuvimos sobre negocios; yo estaba muy emocionada de compartir una nueva idea que tuve después de leer una de mis autoras favoritos de marketing basado en el amor, y mi hermana dijo algo como: *"Ni siquiera te compares con esta autora, ella está a un nivel más alto, tu no eres tan exitosa, así que no estoy segura si esto podrá resultar para ti".*

Me dolió bastante al principio, tuve una buena intención y solamente quería compartir algunas ideas que sabía que podían ayudar a mi hermana, no me estaba comparando con nadie. Lo que me provocó fue el hecho de que siempre comparto todo lo que aprendo con mi hermana; ella ahora es muy exitosa en su negocio gracias a una idea que compartí con ella hace algunos años atrás al darle los pasos exactos que tenía que seguir, así que, sintiéndome un poco triste pensé: "la ayudé tanto y ahora en vez de obtener gratitud, ¡estoy recibiendo mensajes contradictorios!

Pero después de haber profundizado más, me di cuenta de algunas cosas:

- Mi hermana estaba bajo mucho estrés porque su salud no era muy buena, estaba tomando medicamentos, sentía mucho dolor y yo escogí hablar de negocios, lo que probablemente la hizo sentir cansada. Ella estaba de vacaciones y quería relajarse, incluso me dijo que no quería hablar de trabajo o negocios, pero yo seguí hablando.
- Cuando éramos niñas, nuestros padres siempre la comparaban conmigo ("debería aprender de Elena, ella siempre fue buena en geografía", ¿Por qué obtuviste esta mala calificación? Elena siempre fue una estudiante de buenas calificaciones, tal vez ella podría ayudarte con tu examen).

Y sí, nuestros padres también tenían buenas intenciones pero nuevamente, la niñez y la adultez son dos viajes distintos; uno necesita aprender a dejar ir las cosas, algunos patrones y comportamientos pudieron haber sido de ayuda para nosotros en algún punto de nuestras vidas cuando éramos niños, pero ahora pueden irritarnos y causarnos disconformidad.

Al establecer y respetar nuestros propios límites, también debemos respetar los límites de los demás. En mi caso, yo no respeté los deseos y límites de mi hermana, seguí hablando sobre temas que ella no quería hablar, por lo tanto, se desencadenó una especie de respuesta irónica. Todo terminó bien y ahora ya lo hemos arreglado, pero fue necesario tener una conversación familiar honesta para asegurarnos de que todos estábamos bien y que todos se estuvieran tratando bien con todos también; ¡sin ironías y sin comentarios pasivo-agresivos! Para resumir la historia, nunca debes tolerar ningún comentario negativo que venga de tu familia y amigos, pero también pregúntate qué lo causó, ¿respetaste sus límites?, ¿fuiste empático?, ¿realmente entiendes su contexto?

Los límites saludables también previenen el agotamiento. Ahora, para aclarar qué opino sobre tomar acciones, si has leído alguno de mis libros anteriores sabes que estoy a favor de eso. No creo en sentarse de brazos cruzados a repetir inconscientemente tus deseos y esperar que se materialicen mágicamente; yo estoy a favor de tomar acciones de forma consciente y alineada para mostrarle al Universo que estás comprometido, pero al mismo tiempo, no soy partidaria de la mentalidad de trabajar duro; sí, puede funcionar para algunas personas, lo que es excelente, todos somos diferentes. Aquí es donde aparecen tus límites personales, tienes que decidir lo que funciona para ti a largo plazo. Por ejemplo, te vas a terminar agotando si tomas una decisión basada completamente en lo que la otra gente hace.

Yo solía estresarme al presionarme más y tratar de dormir menos para hacer más, seguía a gente joven quienes fácilmente podían lograrlo con cinco o seis horas de sueño, pero mi cuerpo se reveló; sabía que necesitaba descansar más, así que ya no me siento culpable por dormir más, sé que necesito de ocho a nueve horas de sueño y algo de tiempo para quedarme dormida, meditar y relajarme ya que me gusta despertar sintiendo que descansé lo suficiente. En otras palabras, le doy un homenaje a mi autocuidado y a mis sentimientos, y mi autocuidado está basado en lo que necesito hacer, no en lo que otros están haciendo o en lo que está de moda (en cuanto a lo que debemos comer, hacer y cómo dormir). Ahora estoy en un mejor lugar y puedo ser una mejor amiga, familiar y emprendedora; ya no me siento culpable por establecer un tiempo para *mí*. Pregúntate, ¿qué tan a menudo repones tu energía con límites basados en el amor para que puedas experimentar vibraciones basadas en el amor y manifestar de una forma más rápida?

Secreto #10 Cuando el cometer errores es importante si quieres atraer la abundancia

Mucha gente dice que probablemente sea un patrón negativo el seguir repitiendo los fracasos, y sí, definitivamente es verdad. Ya sabemos que las situaciones y los patrones negativos son retroalimentación pero al mismo tiempo, si has leído alguna biografía sobre una persona exitosa, ¡te darás cuenta de que ellos han fracasado un montón! Y estos fracasos son una lección, no un error. Desde un nivel energético es interesante observar los patrones negativos que tiene que ver con los llamados "fracaso" y trabajar un poco la energía con algún curandero que pueda remover la energía negativa retenida, ¡estoy a favor de trabajar la energía!, pero desde un nivel puro de consciencia, en nuestro caso, una mentalidad basada en el amor.

¡Todo se trata de aprender! Cuando miro hacia atrás en mi vida como empresaria, me arrepiento de no haber fracasado más porque sé que todo el éxito y la abundancia que podía atraer era porque podía aprender de mis errores. Podría escribir un libro entero hablando sobre proyectos que intenté realizar y con los que fracasé, pero si miro hacia el pasado, todas aquellas experiencias que pasaron me hicieron más sabia y más fuerte, me ayudaron a cambiar mi mente, así que ahora puedo tomar mejores decisiones. He fallado en distintos negocios (como independiente) y varios empleos que intenté realizar para distintas compañías de distintos sectores, y por mucho tiempo me sentía avergonzada de no poder quedarme en un camino de manera exitosa, y sí, hice muchos trabajos de energía de forma desesperada tratando de deshacerme de la energía negativa, así que no hay nada malo con querer trabajarla, pero el mejor trabajo de energía es el que combinas con el trabajo de la mentalidad (y viceversa). El trabajo de energía trabaja con tu corazón, el trabajo de mentalidad se trata más sobre trabajar con tu cabeza y necesitamos ambos para el mundo físico, ¡así que me di permiso para cometer errores! Decidí aceptar el hecho de que tenía el privilegio de trabajar en distintos sectores, me sentí agradecida por haber intentado distintos trabajos y negocios, y aprendí mucho como resultado.

¿Eres un alma ambiciosa que sueña con atraer abundancia increíble?, ¿quieres construir una compañía reconocida internacionalmente?, tal vez te quieras convertir en un autor famoso, en artista o en un profesional independiente; no importa cual sea tu sueño, tienes que estar de acuerdo con cometer errores y usarlos para aprender lo más que puedas. La misma regla se aplica para otras áreas de tu vida; quizás el deseo de atraer a alguien para que sea tu pareja, pero te quedas pegado en un círculo vicioso de atraer personas que encuentras negativas. Bueno, al menos ahora sabes lo que no te gusta y de esta forma puedes establecer una intención para atraer precisamente lo opuesto, de una forma saludable y basada en el amor.

Quieres tener buena salud y en alineación con eso pruebas distintas dietas, ¡pero fracasaste con todas! Bueno, al menos ahora sabes lo que no tienes que hacer, por lo tanto, ¡puedes simplificar tu búsqueda por el bienestar al crear tu propia dieta!

Tal vez quieres seguir algo que te apasiona y convertirte en un blogger, te esfuerzas mucho por aprender como funciona el mundo en línea y sigues creando contenido valioso, pero no puedes hacer que tu base de seguidores crezca porque te diste cuenta de que no elegiste el ámbito correcto y te sientes atascado. Bueno, al menos ahora sabes cómo funciona el mundo del blog, ¡ahora puedes crear un nuevo blog con una categoría nueva y hacerlo mucho mejor!

Recuerda que no son fracasos; o tienes éxito o aprendes, así que tienes que estar entusiasmado por aprender; ¡así como eres susceptible a aprender también tienes que abrirte para recibir nuevas señales del Universo!, ¡todo se desenvolverá como debe ser! Elimina la palabra "fracaso" de tu vocabulario y en vez de eso, ¡debes tener curiosidad por aprender y crecer!

Mensaje personal de Elena

¡Muchas gracias por leer este libro hasta el final! Espero que lo hayas encontrado inspirador y haya descubierto al menos una idea que te sirva para crecer en tu viaje hacia la Ley de Atracción.

Si tienes unos minutos, te agradecería que pudieras dejarme una pequeña opinión o reseña en Amazon; hazle saber a otros lectores sobre la ley de atracción, y di a quienes de nuestra comunidad puede ayudar este libro y por qué.

Gracias, gracias, gracias,

Espero que nos volvamos a "ver",

Con mucho amor,

Elena

Más Libros de Elena G.Rivers en Español

La mentalidad para atraer el dinero: Deja de manifestar lo que no quieres y cambia tu mente subconsciente hacia el dinero y la abundancia (Ley de la atracción - libros cortos nº 1)

Libro de actividades de ley de la atracción: Cómo elevar tu vibración en 5 días o menos para manifestar la vida y la abundancia que mereces

Disponible en Amazon + nuestra web:

www.loaforsuccess.com/spanish

Contacto:

info@LOAforSuccess.com

English website & books:

www.loaforsuccess.com

www.ingramcontent.com/pod-product-compliance
Lightning Source LLC
Chambersburg PA
CBHW071358080526
44587CB00017B/3119